PROCÈS

DE LA CONGRÉGATION

DITE

DES BACCHANALES.

Nouveautés in-32.

Denonciation aux Cours royales, relativement au systeme religieux et politique, par M le comte Montlosier. .. . . . 25 c

Les Provinciales, par Pascal, un joli v 1 f 25 c

Les Jésuites, Epître a M le président Séguier, par Barthelemy et Mery.. 30

Epître à M de Villèle, par Mery . . 30

Trois Jésuitiques, satires suivies de notes historiques, par l'abbé Dulaurens, auteur du *Compere Mathieu* 30

La Femme Jésuite, histoire veritable, ecrite par une victime du jésuitisme et publiee par Rabin . . 30

Petite Biographie des Censeurs, précédée de l'histoire d'une paire de ciseaux, publiée par le même. 30

Charte constitutionnelle de Portugal 30

Charte constitutionnelle des Français. 30

IMPRIMERIE ET FONDERIE DE J PINARD,
RUE D'ANJOU-DAUPHINE, N° 8

PROCÈS

FAIT

A LA CONGRÉGATION

DITE

DES BACCHANALES,

L'AN DE ROME 566, 186 ANS AVANT JÉSUS-CHRIST.

TRADUIT DE TITE-LIVE

PAR M. DUPIN, AVOCAT.

Qui qualesque sint

TITE-LIVE

Seconde Édition.

PARIS.

SANSON, PALAIS-ROYAL, GALERIE DE BOIS;
LEDOUX, BOULEVARD DES ITALIENS, N° 19.

1826.

Si l'on pouvait douter de la vigilance avec laquelle tout état policé doit veiller aux associations qui se forment sous le manteau religieux, il suffirait de rappeler le procès fait à Rome à la congrégation des Bacchanales.

Au premier avis qu'en eut le Sénat, on le voit prononcer le *Caveant consules*, formule presque équivalente à la déclaration moderne que *La patrie est en danger*. Les consuls comprennent toute l'étendue de leur mission ; ils joignent la prudence à l'énergie ; et la république est délivrée d'un péril plus grand qu'aucun de ceux qui l'avaient auparavant menacée : *nunquàm tantum malum in republicâ fuit, nec ad plures nec ad plura pertinens*, dit l'historien à qui nous allons emprunter toutes les circonstances de ce grand événement.

PROCÈS
DE
LA CONGREGATION
DITE
DES BACCHANALES.

L'ÉPITOMÉ que Daniel Heinsius a placé en tête du livre 39 de Tite-Live, donnerait envie de le lire à ceux même qui n'auraient pas eu la pensée de le rechercher. *Bacchanalia, sacrum græcum, et quidem nocturnum, scelerum omnium semi-*

narium, quùm ad ingentis turbæ conjurationem pervenisset, à Consule investigatum, et multorum pœnâ sublatum est. « La confrairie des Bacchanales, sorte de dévotion grecque, dont les mystères se célébraient la nuit, séminaire de toute sorte de crimes et de débauches, ayant déjà engagé dans sa congrégation un grand nombre de citoyens, fut recherchée par le consul et réprimée par la punition de plusieurs coupables. »

L'an de Rome 566, environ 186 ans avant J.-C., sous le consulat de Spurius Posthumius Albinus, et de Marcius Philippus; ces magistrats, après avoir pourvu aux soins de la guerre et au gouvernement des provinces, s'occupèrent de la question des conjurations clandestines, *quœstio de clandestinis conjurationibus decreta est*.

Un grec ignoble (*grœcus ignobilis*), ignare, et dépourvu des avantages que cette nation vive et spirituelle avait souvent déployés pour l'éducation de la jeunesse et la culture des sciences, mais homme superstitieux et faisant l'inspiré (*sa-*

crificulus et vates) vint d'abord en Étrurie ; et là, au lieu de professer ouvertement la morale religieuse et l'horreur des crimes, se mit à prêcher en secret des mystères cachés, et à enseigner des pratiques superstitieuses *(occultorum antistes sacrorum)*.

Il ne s'était d'abord ouvert qu'à un petit nombre d'initiés, mais bientôt sa doctrine se répandit peu à peu parmi les hommes et parmi les femmes * : doctrine relâchée, qui

---

* Initia erant, quæ primò paucis

s'alliait avec la tolérance de la bonne chère et des plaisirs, pour caresser les imaginations et leur offrir quelque attrait, *additæ voluptates.... quo plurium animi illicerentur.*

L'historien décrit les désordres commis par les *affiliés ;* ce n'étaient pas seulement des actes de débauche ; mais de là aussi, de cette boutique *(ex eâdem officinâ)* partaient de faux témoins, des lettres suppo-

---

tradita sunt · deindè vulgari cœpta per viros, mulieresque.

sées, des attestations infidèles, et des jugemens corrompus. *Falsi testes, falsa signa, testimoniaque, et judicia ex eâdem officinâ exibant.*

Multa dolo, le dol et la ruse y venaient au secours de la violence.

Ces affiliations gagnèrent de l'Étrurie jusqu'à Rome, où elles se propagèrent à la manière d'un mal contagieux. L'étendue de la ville, où certains désordres étant plus habituels étaient aussi moins remarqués, les déroba quelque temps à la surveillance des magistrats ; enfin le consul Posthumius en eut avis.

Un jeune homme, nommé Æbutius, resté orphelin et ayant perdu ses tuteurs, avait été confié aux soins de sa mère, remariée en secondes noces à T. Sempronius. Ce beau-père avait mal géré les affaires du pupille ; il était hors d'état d'en rendre compte, et il fallait ou perdre Æbutius, ou le placer, de quelque manière que ce fût, dans une position dépendante : *aut tolli pupillum, aut obnoxium sibi vin-*

culo aliquo fieri cupiebat. Le tuteur ne trouva rien de mieux que de faire entrer son pupille dans la société corrompue des Bacchanales : *via una corruptelæ Bacchanalium erant*.

La mère d'Æbutius le fait appeler : elle lui dit, « que pendant qu'il était malade, elle avait fait *vœu*, s'il recouvrait la santé, de le faire initier aux mystères de Bacchus ; que, le voyant guéri, elle voulait, en conscience, acquitter sa promesse, et que son fils eût à s'y disposer. »

Æbutius se fût peut-être rendu

aux désirs de sa mère; mais il en fut détourné par sa maîtresse (*Hispala Fecenia*), qui, craignant de perdre son amant, lui fit une horrible peinture de ce qu'elle avait appris au sujet de l'association.

Effrayé par ce tableau, le jeune homme déclara à sa mère qu'il ne serait point profès dans l'ordre des Bacchanales : *negat initiari sibi in animo esse.*

Le beau-père était présent; il s'irrite, il s'enflamme, et fait jeter le fils à la porte par quatre esclaves.

Le malheureux jeune homme ainsi chassé de la maison paternelle, se retire chez sa tante Æbutia, lui expose la cause de sa disgrâce; et par son conseil il va révéler le fait au consul Posthumius.

Ce magistrat lui dit de revenir dans trois jours; et il emploie ce temps à s'assurer de la moralité du révélateur et de sa tante Æbutia : il interroge celle-ci; il lance aussi un mandat d'amener contre Hispala, qui d'abord nie, puis montre des craintes sur le mauvais sort que peuvent lui faire éprouver les affiliés ; elle demande même qu'on lui procure un asile hors de l'Italie, où elle puisse terminer ses jours à l'abri de leurs coups : le consul la rassure ; elle parle enfin, et révèle les statuts de l'association : *originem sacrorum expromit.*

Ce n'avait d'abord été qu'un oratoire de femmes, *primò sacrarium id feminarum fuisse.* Les hommes n'y étaient point admis. Mais ensuite les statuts reçurent différens changemens dictés, disait-on, par l'ordre d[illegible]ie[illegible] *[illegible]anquàm Deûm moniti*[illegible]ispala exp[illegible]se les désordres dont elle se dit informée : la fantasmagorie déployée dans les mystères, pour effrayer les néophytes et dominer les imaginations : elle ajoute que cette congrégation, au point où elle est arrivée, comprend un grand nombre de personnes ; qu'elle forme, pour ainsi dire, un autre peuple au sein de la nation ; *multitudinem ingentem, alterum jàm propè populum esse*. Elle compte quelques nobles, en hommes et en femmes, *in his nobiles quosdam viros, feminasque* ; on capte, on séduit la jeunesse, *captari ætates*, etc.

Ces révélations terminées, Hispala renouvelle ses prières pour que l'on veille à sa sûreté. Le consul y pourvoit, ainsi qu'à celle du jeune Æbutius. Il fait ensuite son rapport au sénat.

Les sénateurs sont frappés de terreur, *Patres pavor ingens cepit :* ils craignent, dans l'intérêt public, que ces congrégations et ces assemblées nocturnes ne couvrent quelque dessein caché, quelque danger secret ; ils tremblent qu'à leur insu, dans leurs propres familles, ne se trouvent des affiliés de ce qu'ils regardent comme un complot *.

Toutefois ils commencent par rendre grâce à Posthumius de ce qu'il avait exploré cet événement avec autant de sagacité que de prudence et de discrétion : passant ensuite à la délibération, le sénat ordonne aux consuls d'instruire *extraordinairement* sur tout ce qui avait

---

* Quùm publico nomine, ne quid eæ conjurationes cœtusque nocturni fraudis occultæ aut periculi importarent; tùm privatim suorum quisque vicem, ne quis affinis ei noxæ esset.

rapport à l'association des Bacchanales et à leurs mystères : on promet des récompenses aux *révélateurs ;* on prescrit de rechercher soit dans Rome, soit au dehors, les chefs, hommes et femmes, de la congrégation : *sacerdotes eorum sacrorum, seu viri seu feminæ essent, non Romæ modò, sed per omnia fora et conciliabula conquiri.* On publiera dans Rome et dans toute l'Italie (*in urbe Româ et per totam Italiam*) une proclamation : « pour défendre à tous et chacun des membres de la congrégation, de se réunir et de s'assembler : *ne quis qui Bacchis initiatus esset coisse aut convenisse causså sacrorum velit.»*

L'autorité municipale (*Ædiles plebis*) fut spécialement chargée de veiller à ce que rien de ce qui aurait trait au culte ne se fît en secret. La juridiction des Triumvirs auxquels on adjoignit quelques constables *, fut chargée de disposer des gardes dans les divers quartiers, pour prévenir les attroupemens et les incendies.

---

* Adjutores Triumviris quinque viri dati.

Ces précautions prises et chacun étant à son poste, les consuls convoquèrent l'assemblée du peuple, et, après avoir adressé aux dieux du Capitole la prière accoutumée, Posthumius s'exprima en ces termes :

« Romains, dans aucune occasion il ne fut plus convenable et plus nécessaire d'adresser aux dieux de la patrie cette prière solennelle qui vous avertit que ce sont là les divinités qui doivent être réellement l'objet de votre culte; que vous devez honorer et prier à la manière de vos aïeux; et non ces dieux dont le culte superstitieux et dépravé n'offre à ceux qui l'exploitent qu'une occasion et un prétexte d'agir au gré de leurs passions, et d'oser toutes sortes d'attentats. Je ne sais, au reste, ni ce que je dois taire, ni ce qu'il conviendrait de vous révéler; je crains également, et d'être accusé de négligence si je vous laisse ignorer une partie des faits, et de jeter au milieu de vous un trop grand effroi, si je mets tout à nu. Quoi que je dise, songez toutefois que je resterai encore au dessous de l'énormité du sujet..... »

(Après avoir rappelé les bruits répandus sur l'existence de cette association et sur son objet, le consul reprend) : « Quant au nombre des affiliés, si je vous dis qu'ils sont plusieurs milliers, il faudra vous en effrayer, à moins que je ne vous dise en même temps qui et quels ils sont : *qui qualesque sint*.

« En premier lieu, il y a un grand nombre de femmes, et c'est là l'origine du mal, *mulierum magna pars est*; ensuite les hommes les plus semblables aux femmes par leur mollesse, leur fanatisme, leur relâchement. Cette congrégation n'est pas encore redoutable à l'État, cependant elle acquiert et prend chaque jour de nouvelles forces : *nullas adhùc vires conjuratio, cæterùm incrementum ingens virium habet, quòd in dies plures fiunt.*

» Ce n'est que dans les occasions solennelles où l'étendard de l'Etat est arboré au Capitole pour protéger la liberté des suffrages, ou sur la convocation des tribuns ou de quelque autre magistrat, que vos aïeux ont voulu que le peuple pût s'assembler; et partout où il y a un rassemblement de citoyens, ils ont voulu que ce fût sous la présidence d'un magistrat compétent : *et ubicumquè multitudo esset, ibi et legitimum rectorem multitudinis censebant debere esse.* » (Le consul en conclut que les assemblées nocturnes et autres dont il a parlé, sont illicites et ne peuvent être tolérées. Il insiste surtout sur le danger particulier qui menace la république par l'enrôlement des jeunes gens dans ces sortes d'affiliations.) « C'est de là, dit-il, c'est du sein de cette congrégation que sortiront ensuite les conscrits auxquels vous confiez des armes pour la défense de vos propriétés, de vos lois et de vos familles ! et ce ne serait rien encore s'ils n'en sortaient qu'efféminés, et que du moins leurs jeunes cœurs n'eussent pas été corrompus par une fausse morale et livrés à la fraude, *si mentem à fraude abstinuissent*. Jamais un si grand mal n'a travaillé la république ; jamais un mal qui tint à tant de gens et à tant de choses : *nunquàm tantum malum in republicâ fuit, nec ad plures nec ad plura pertinens*. Tout ce que, dans ces derniers temps, nous avons pu remarquer de corruption, de fraude, de vénalité, tous les péchés qui nous affligent, sont sortis de cette congrégation, soi-disant religieuse : *quidquid in his annis libidine, quidquid fraude, quidquid scelere peccatum est, ex illo uno sacrario scitote ortum esse*. Et comme tout ce qu'ils ont médité contre l'ordre public n'est pas encore prêt, et qu'ils ne sont point encore en mesure d'opprimer la république, ils s'exercent dans des intrigues domestiques, au sein des familles. Cette congrégation impie se tient dans l'obscurité ; mais en attendant le serpent rampe, le mal croît chaque jour : il est déjà si grand, qu'il dépasse la limite des intérêts particuliers; il menace la République elle-même et la constitution de l'État *.

« S'il n'y est pourvu, déjà leurs conciliabules égalent en nombre les membres de cette assemblée natio-

---

* Adhùc privatis noxiis, quia nondùm ad rempublicam opprimendam satis virium est, conjuratio sese impia tenet : crescit et serpit quotidie malum. Jam majus est, quàm ut capere id fortuna privata possit · *ad summam reipublicæ spectat.*

nale. Ils vous craignent à présent que vous délibérez en qualité de peuple romain; mais rentrés dans vos maisons, sur vos terres, ils s'assembleront à leur tour, et délibéreront à la fois, et de votre perte et du salut de leur société. Alors chacun de vous devra trembler isolément. Vous devez donc désirer que chacun reprenne ou conserve de bons sentimens. Que les hommes égarés qui auraient pu se laisser entraîner à faire partie de cette association, s'en détachent, et laissent le crime à ceux-là seulement qui l'ont conçu. Car je ne puis être assuré qu'aucun des membres même de cette assemblée, ne se soit laissé surprendre par de faux semblans. Rien en effet n'est plus propre à faire illusion que ce qui se pratique en fraude mais sous le nom de la religion : *nihil enim in speciem fallacius est quàm prava religio*. Du moment que certains hommes invoquent Dieu à l'appui de leurs criminels complots, une terreur subite se glisse dans les âmes, et l'on craint, en vengeant les intérêts humains, de blesser les intérêts divins qu'on a eu soin de mêler aux choses profanes. » (Le consul rappelle les décrets, et les sénatus-consultes qui, de tous temps, ont proscrit et réprimé les abus pratiqués dans l'exercice du culte, et il fait l'éloge de cette prudence des anciens romains, qui n'avaient rien jugé de si dangereux pour la religion et pour l'État, que d'autoriser des pratiques religieuses contraires au rit national et venues de l'étranger. *Nihil æquè dissolvendæ religionis esse, quàm ubi non patrio, sed externo ritu sacrificaretur.*

« J'ai dû prévenir ainsi vos esprits, reprend Posthumius, de crainte que quelque superstition ne vînt agiter vos âmes, lorsque vous nous verrez démolir et dissoudre les repaires de la congrégation, soi-disant religieuse, des Bacchanales. Avec l'aide et la volonté des dieux nous en viendrons à bout : c'est sans doute parce qu'ils étaient indignés de tant de profanations secrètes, qu'ils ont enfin permis que la révélation s'en fît au grand jour; ils n'ont pas voulu de cette publicité pour offrir l'affligeant scandale de l'impunité, mais pour que les lois en prissent plus aisément vengeance. Le sénat m'a chargé de ce soin, ainsi que mon collègue. Nous nous en acquitterons sans relâche. Nous avons pris toutes les mesures convenables pour assurer le maintien de l'ordre; prenez confiance, obéissez à vos magistrats et veillez avec nous au salut de la république. »

Je passe sous silence les mesures qui furent ensuite prises par les consuls. Tite-Live dit qu'après la séparation de l'assemblée, une grande inquiétude se manifesta, et dans Rome et dans toute l'Italie. On fit des arrestations; on rechercha les chefs. Plusieurs furent punis de la peine capitale ; ceux des initiés qui furent reconnus coupables de délits particuliers, furent traités selon la rigueur des lois ; les hommes simples qui n'avaient été qu'entraînés, et qui, liés par le serment d'association, n'avaient du reste rien commis qu'on pût leur reprocher, en furent quittes pour la peur ou pour un léger emprisonnement ; quelques uns furent admonestés en public ; les femmes furent remises à leurs maris et à leurs proches, pour être jugées en conseil de famille au tribunal domestique.

Le sénat chargea ensuite les consuls de veiller à la pleine et entière dissolution de cette congrégation, à Rome d'abord et successivement dans toute l'Italie; de ramener l'ancien culte à sa simplicité, et de le purger de toutes les superstitions dont les congréganistes l'avaient surchargé. On porta enfin un sénatus-consulte conçu en ces termes :

« Qu'il n'y ait plus d'associations ni congrégations de ce genre, ni à Rome, ni dans toute l'Italie. Si quelqu'un croit nécessaire à sa piété, d'établir un oratoire particulier, qu'il en fasse la demande au préteur : le préteur en réfèrera au sénat, assemblé au moins au nombre de cent de ses membres ; et le sénat le permettra, s'il y a lieu, à la condition toutefois que ces sacrifices particuliers ne pourront pas se célébrer en présence de plus de cinq personnes ; et qu'elles n'auront ni caisse comn une, ni directeur, ni prêtre à leur tête. »

FIN.

www.ingramcontent.com/pod-product-compliance
Ingram Content Group UK Ltd.
Pitfield, Milton Keynes, MK11 3LW, UK
UKHW012121240726
13965UKWH00005B/1893

9 782013 095952